放課後によむ詩集

小池昌代〈編〉

理論社

セザンヌ夫人　飯島耕一

セザンヌの
「セザンヌ夫人」のまえに来たとき、
（きみはあれほど
光という光がこわくて
夏も近いというのに　戸を閉めきって
ただ息をひそめて　ふるえていたのに）

セザンヌの
「セザンヌ夫人」のまえに来たとき、
(何もかもが嫌いになる病気になって
自分のぐるりだけを
ぼんやりと眺めていたのに)
きみはようやく
セザンヌの「セザンヌ夫人」のまえにいた。

はじめに

今日は朝から雨。しかも月曜日とあって、むかし過ごした学校生活を思い出しては、なんとなく重たい気分のわたしです。

半世紀以上前、わたしはおねしょが治らない、神経質な小学生でした。引っ込み思案でトモダチもほとんどおらず、学校は居心地が悪くて嫌いでした。校舎が燃えることを、夢に見るほど願っていましたが、現実の学校は、全然、燃えてくれないのでした。わたしは自己主張というものができず、極端に内気で、人のいいなりになるお人好しでもありました。こうしたい、ああしたいという気持ちとあわせて、あれはしたくない、これもしたくないという明確な意志があるのでしたが、それを言葉にできない。先生も親も、言わなければわからないじゃないのと言いますが、わたしには言えないということすら言えませんでした。

こうした生きづらさというものを、実は誰もが抱えて生きている、そう気づいたのは大人になってから。子供だった当時は、自分の内に閉じ込められ、自分が自分であることに苦しむことしかできませんでした。そのとき救いだったのは、〈詩〉の存在。詩は言葉で書かれていますが、実は、言葉のない状態＝沈黙がその芯《しん》にあります。そして〈詩〉は作品となって立つ前、種の状態でも存在する。見つけようとしさえすれば、平凡な生活の汚れや苦しみ、哀しみのなかにさえ、その種が散らばっているのです。

この本の冒頭に掲げたのは、飯島耕一《いいじまこういち》という、もうこの世にはいない詩人が書いたものです。変な詩ですね。セザンヌという画家は、夫人の肖像画をたくさん描いていますが、そのなかの一枚でしょう、「セザンヌ夫人」と題された絵の前へ、〟来た〟ということだけが、やけに繰り返し大事に書かれている。ただ、括弧《かっこ》のなかの言葉を読むと、この詩人の状況が少し見えてきます。どうやらこの人もまた、心の不具合を抱え、光を怖れ、長く家に閉じこもっていたらしい。ところが、ある日、ある美術館に収蔵されている、一枚の絵の前に来た、来ることが出来た。このことは、この詩の「きみ」にとって、新しい自分の始まりを告げる大事件の瞬間だったのです。

世界が新鮮に、めりめりと音をたてて割れ、わたしたちもまた、「セザンヌ夫人」の前へ連れていかれる。詩は「きみ」という二人称で書かれていますが、「おれ」「ぼく」「わたし」の一人称に置き換えても読めます。しかし自己からの脱出を果たした詩人は、生まれ出た新しい自分自身に、「きみ」と呼びかけずにはいられなかった。だからこそ、この人称には、痛みとともに、真新しい新鮮な響きがあるのです。これが詩、これが、人の生に働きかける詩の力です。

詩を読むために特別の準備はいりません。ただ、詩はこうして一人の孤独から書きおこされていますから、読むほうも群れからはずれ、孤独になる必要があるかもしれません。安心して。誰もあなたに、作者の意図や詩の意味を問いません。詩はそこに詩としてあることがすべてで、本来、無目的なもの。そしてすべての詩は未完で、読まれることによってようやく完成します。あなたの想像力と創造力を、ほんの少し加え、一編を書き終えてください。雨もようやくあがったようです。

七月

小池昌代

もくじ

春分の日

三角みづ紀

近所の美容室で
ばっさり　髪を切った
はじめてのショートカット
教室のドアをあけて
定位置に　着席する

とりわけ

この髪型について
声をかけてくるひとはいなくて
先生にからかわれたくらい。

綻《ほころ》んでいく蕾《つぼみ》の顔をした
おちつきのない皆と
明るみに躊躇《ちゅうちょ》して
咲こうとしないわたしがいて

こころもとない三月
遅すぎることはないってでたらめだ
遅すぎるから何度でも乗りおくれる

うららかな教室が
汽車になって前進する

髪を切っても
わたしはわたしと交代せずに
駅のホームに置き去りになる

†

髪型の変更は本人にとって、実は自己革命みたいな大きな事件。けれど同級生たちは意外にも無反応。「わたし」は教室という名の汽車に、いつだってうまく乗れない。この小さな異和感が、髪を切っても交代できない、かけがえのない〝わたし自身〟を探り当てた。そこだけ春の来ない、硬い蕾《つぼみ》のような「わたし」の美しさ。いつか小さな花となって咲け。

（小池昌代・以下、コメントは同様）

金田君の宝物

松岡政則

小学六年の運動会
ぼくは体育館の裏で金田君を見た
金田君は隠れるように
露店の蒸気まんじゅうを食べていた
急《せ》いてラムネを飲んでいた
みな地区ごとにかたまって
親たちと一緒に弁当を食べるのに
金田君は作ってもらえなかったんだ

あの時の金田君は痛かった
のどに詰まって痛かった
でも
トモダチにはならなかった

中学三年の夏休み
ぼくと金田君は砂防ダムの工事現場で土方をした
みなと川に潜って魚を突いたり
クラブ活動に出てなどいられなかった
ぼくらはそのぶんムキになって働いた
型枠に流し込んだ生コンを竹の棒で突いたり
土砂を積んだ猫車《ねこ》で板橋の上を渡ったり
ぼくらは真っ黒になって大人よりも働いた

でも
トモダチにはならなかった

その年の秋だった
うっすら黄色くなったバス停のところで
金田君が隣町の奴らに囲まれていた
(われらぁどしたんなら
(かばちがあるんかコラッ
ぼくも凄んで加勢に行ったけど
二人ともボコボコにされた
でもぼくらは土方で鍛えてもいたし
八人を相手にけっこうやったんだ
が　それがまずかった

ぼくらはいつもついていなかった
相手の一人が肋骨を折って入院した
それは警察沙汰にもなり
（この子らはほんまに末恐ろしい
（僻んだ土地の子は何をするかわからん
大人は口々にそう言ったから
ぼくらはまたグレてみせる他はなかったんだ
でも
トモダチにはならなかった

金田君が今どこにいるのか知らない
何をしているのかも知らない
ぼくは今もトモダチなどいないけど

金田君もだろうかと時々思う
でも体育館の裏で
蒸気まんじゅうを食べているのを見た時から
金田君はトモダチだったような気がする
一緒に遊んだことなどなかったけど
ぼくの中ではずっと
トモダチだったんだと思う

今日　懐かしい写真が出てきた
太宰の『津軽』に挿んでおいたことなど
すっかり忘れていたことだった
それは中学の卒業式の日
一人だけ進学をあきらめた金田君がこっそりとぼくにくれたものだ

その黄ばんだモノクロを手にして
なぜか涙が出た
おんなのアソコを見ながら
涙が止まらなかった

†

近くにいたとき、「ぼく」は金田君の痛みを痛みながら、トモダチにはならなかった。金田君が遠く離れた今頃になってトモダチだったような気がしている。大事なものほど、そうして尺が足らず、間に合わず、遅れてやって来る。何度でも。蒸気まんじゅう、砂防ダム、猫車《ねこ》など、胸に残るいくつもの、特別な単語がある。

まちかど

まど・みちお

まちかどは　まいにちまいばん
まじめに　まちかどっとしている
まちの空のましたで
まず通るのは
また通るもの　まま通るもの
まだまだ通るものなど　まちまちだが
まぎれもなくみんな
まえむいてまがっていく

まちかどに　まちかどっとされたまま
まるで通るもののない　まよなか
まうえの空の　まんなかでは
まんまるい月が　まったくひとり
まちかどっとされている　まね
まちぼうけの　まちかどのために

まあ　まがわるいのだろう
まちかどたるもの　まねにでも
まにあわせにでも　だれかに
まちかどっとされたままでいなくては

†

「まちかど」は「まがりかど」より意味の幅が広くて抽象的。このたびは詩人によって動詞になった。「まちかどっとする」の「どっと」はどっと疲れるのどっと？　英語ならdotで小さな点だ。言葉で真剣に遊ぶ。すると怖ろしいことがおこる。あの街角が、まちかどっと居座り、まちかどっと笑う。まちかどのなかには詩人の名も入っている。

犬うごかん

高安海翔

犬うごかん
まったくうごかん
だっこしてかいだんのぼって
おろしたらぜんぜんうごかんのよ
ただかぜあびてふるえてる
うんがぞいのさんぽみち
さんきろのからだねざしてる
はめてるりーどひっぱっても

ぐいーとそのばにいすわる
ふてぶてしいこがたけん
でかい犬がむこうからきた
うちの犬きほんいきものむり
まったくうごかんのだけども
めちゃびびってるのがわかる
だってもうかおがちがうのよ
はがいたらしいからいねいわれて
ちびってるようなかおしてる
がいこつをそうぞうしてるよ
こんあたまんなかではきっと
これいっしゅんだけどいぬは
ずっとおぼえてるかもしれん

そうおもうしかなかったわね
てか犬はあしよわいやつ
うれなかったよわいやつ
ぶりーだーにてきとうにそだてられ
いっさいまでふろはいったことなかった
いまでもしゃわーいやがってる
よーくしゃーてりあなんだけど
うちきたときめちゃもじゃもじゃ
だんぼーるしんぶんしそこおった
いきものまちがえたおもったけど
こんいぬあんまりつよくてなるべくよわい
してたんなっていまならおもえる
犬うごかんはだからちきゅうのこと

そんくらいにとらえなくちゃならんね
ぼろろぼろろ顔が糸ぼろろろろ顔がいた
宝石箱の中に大好きなおやつをあげる

†

動かん犬の存在感とその透明な意志とが、柔らかな語りを通して、さざなみのごとく読者に流れ込む。小さな犬のふるまいを、「ちきゅうのこと」くらいにとらえないといけないと思う詩人は、自らの気持ち（愛）に照れているようでもある。〃はがいたらしいからいね〃とは方言。いらいらするからあっちへ行けというほどの意味か。

くらし

石垣りん

食わずには生きてゆけない。
メシを
野菜を
肉を
空気を
光を
水を

親を
きょうだいを
師を
金もこころも
食わずには生きてこれなかった。
ふくれた腹をかかえ
口をぬぐえば
台所に散らばっている
にんじんのしっぽ
鳥の骨
父のはらわた
四十の日暮れ
私の目にはじめてあふれる獣の涙。

†

人の暮らしは壮絶なもの。わたしたちは、意識せずとも結果として、物や人を喰らって生きる。食わずには生きてゆけないと列挙されたものが、実際の食べ物から、次第に比喩としての食べ物へと変化する。食い尽くした後の空漠へ、あふれる涙の透明なこと。生きることの穢《けが》れもその重さも、一気に一瞬、浄化される。だが暮らしは再び、続いていく。

天

山之口貘

草にねころんでゐると
眼下には天が深い

風
雲
太陽
有名なもの達の住んでゐる世界

天は青く深いのだ
みおろしてゐると
体軀《からだ》が落つこちさうになつてこはいのだ
僕は草木の根のやうに
土の中へもぐり込みたくなつてしまふのだ

†

天空に落っこちそうな詩だ。視点や価値観が逆さまになっている。それくらい詩人は、何か、根源的な劣等感に苛《さいな》まれている。「こはい」といい、「土の中へもぐり込みたくなつてしまふ」という。ダイナミックな自然と、小さな虫のようにいじけた心。ユーモラスで普遍的で、生きることの暗さと哀しみとが、温かい土の感触で胸に満ちてくる。

地面の底の病気の顔

萩原朔太郎

地面の底に顔があらはれ、
さみしい病人の顔があらはれ。

地面の底のくらやみに、
うらうら草の茎が萌《も》えそめ、
鼠の巣が萌えそめ、
巣にこんがらかつてゐる、
かずしれぬ髪の毛がふるえ出し、

冬至のころの、
さびしい病気の地面から、
ほそい青竹の根が生えそめ、
生えそめ、
それがじつにあはれふかくみえ、
けぶれるごとくに視え、
じつに、じつに、あはれふかげに視え。

地面の底のくらやみに、
さみしい病人の顔があらはれ。

†

この顔は誰の顔か。あなたの顔、わたしの顔かもしれない。震える神経と生々しい生理が、地面の底の秘密をあばく。怖いが可笑しく、甘美で懐かしい。病いを通して見つめるとき、〝生〟はぞくっとするような輝きで光りだす。地中に生えそむる竹の根の生命力。「あらはれ」「萌《も》えそめ」「ふるえ出し」など、連用形が特徴的なリズムを刻む。

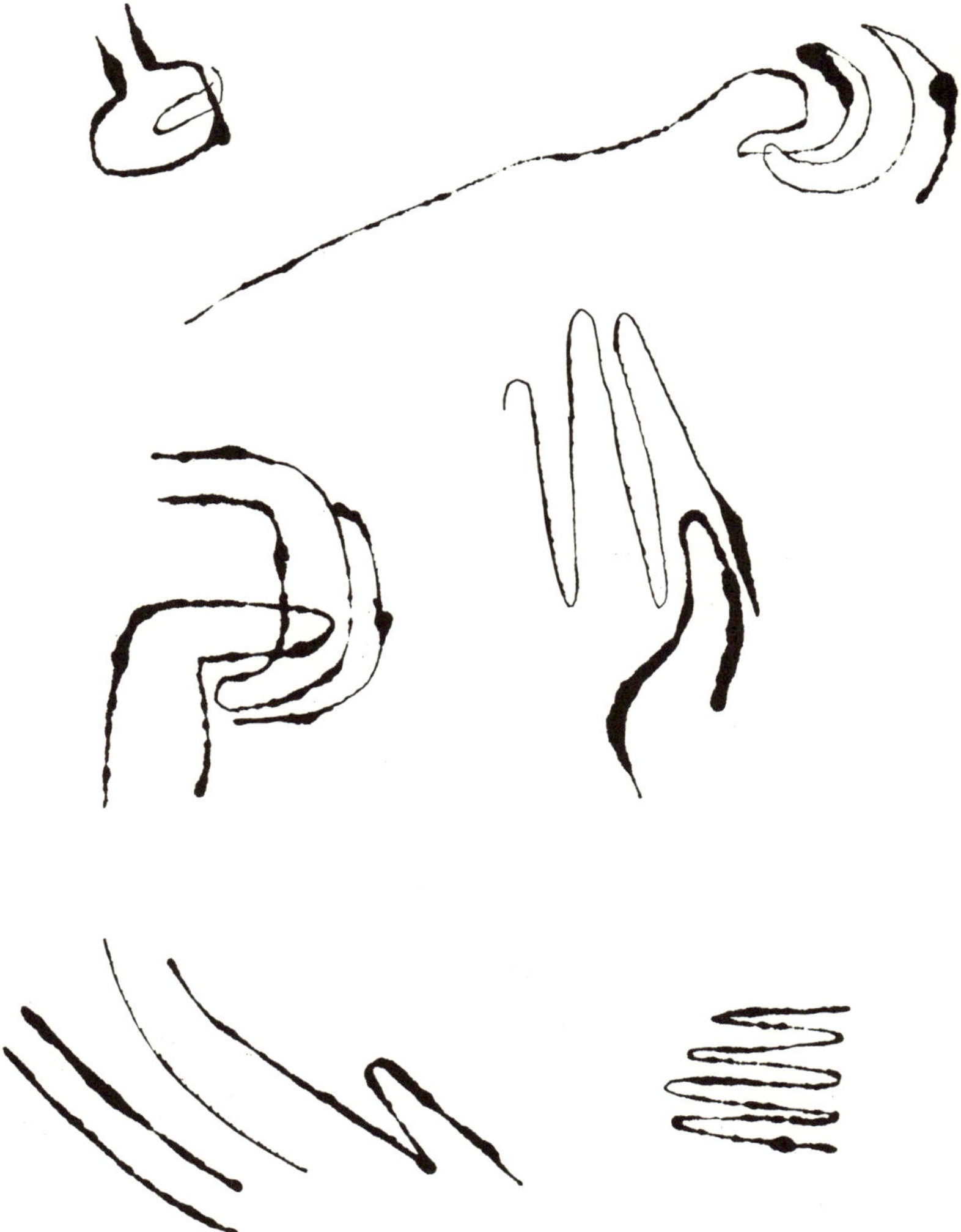

雲のやうに

左川ちか

果樹園を昆虫が緑色に貫き
葉裏をはひ　たへず繁殖してゐる
鼻孔から吐きだす粘液
それは青い霧である
時々　彼らは
音もなく羽搏《はばた》きをして空へ消える
婦人達はただれた目付きで
未熟な実を拾つてゐる

空には無数の瘡痕がついてゐる
肘のやうにぶらさがつて
それから私は見る
果樹園がまんなかから裂けてしまふのを
そこから雲のやうにもえてゐる地肌が現はれる

†

天変地異が起きている。果樹園が裂け、地肌が現われるという。心がめりめりと外側へめくれあがるように。悲鳴をあげたくなる。大きな自己変革が今、起きているのではないか。外界の自然と心とが連動し、一瞬たりとも言葉から目を離せない。ここには貫いていくものの強い意志があった。かろうじてわかるのはそのことだけだ。

朝礼

井坂洋子

雨に濡れると
アイロンの匂いがして
湯気のこもるジャンパースカートの
箱襞《はこひだ》に捩《よじ》れた
糸くずも生真面目に整列する

朝の校庭に
幾筋か

濃紺の川を流す要領で
生白い手足は引き
貧血の唇を閉じたまま

安田さん　まだきてない
中橋さんも

体操が始まって
委員の号令に合わせ
生殖器をつぼめて爪先立つたび
くるぶしにソックスが皺《しわ》寄ってくる
日番が日誌をかかえこむ胸のあたりから
曇天の日射しに

ゆっくり坂をあがってくる
あの人たち

川が乱れ
わずかに上気した皮膚を
濃紺に鎮めて
暗い廊下を歩いていく
と窓際で迎える柔らかなもの
頬が今もざわめいて
感情がささ波立っている
訳は聞かない
遠くからやってきたのだ

†

朝礼の列に並びながら、内側から規範を乱そうとする、若い生命の幽《かす》かな抗いが瑞々しく予兆的に捉えられている。箱襞《はこひだ》の糸くずはこの詩に書かれなければ、一生、日の目を見なかっただろう。安田さん、中橋さん。名前を呼ばれたとたん、抽象の少女たちの頬に赤みがさして、呼ばれていない誰かが、遠くのほうから駆けてくる気配。

住所

ソホラーブ・セペフリー（訳・鈴木珠里）

「友だちのうちはどこ?」暁《あかつき》の頃、馬に乗った男が問うた
空は静止し
旅人は口に銜《くわ》えた光の枝を砂の暗闇に委ね
そして白楊《ポプラ》の木を指差して言った

「あの木の手前
神の眠りよりも翠《みどり》色をした小路がある
そこでは　愛が誠実の羽くらい蒼《あお》い

成熟の向こうから現れたその小路の終わりまで行き
そして孤独の花の方を向いて
花のところまで二歩のところ
地上の神話が永久に噴き出ているところに居てごらん
すると透明な畏《おそ》れがお前を取り囲み
誠実に流れる空間の中で　さらさらという音が聞こえるだろう
高い松の木にのぼって光の巣から
ひな鳥を捕まえている子供が居るから
その子に尋ねてごらん
友だちのうちはどこ、と」

†

尋ねつづけても、答えには行き着かない。この構造に、思い当たるものはないだろうか。大事なのは、答えでなく問いのほう。問う過程そのものが、きみの生きる道となる。だから問いつづけよう。〝きみの名は？　うちはどこ？〟。この詩に触発されて、イランの監督アッバス・キアロスタミは「友だちのうちはどこ？」という素晴らしい映画を撮った。

報告

宮沢賢治

さつき火事だとさわぎましたのは虹《にじ》でございました
もう一時間もつづいてりんと張つて居《を》ります

†

火事じゃなかった、虹だった。なぜ、そんな錯誤をわざわざ報告したのか。虹は空の事件だから、火事だと騒いだ気持ちはわからないわけでもない。しかもこの虹、すぐには消えず、一時間も張り詰めているというのだから、石のように頑丈だ。読みながらわたしはおかしくなって、生きようという気持ちになったのでした。

学校に行きたくない

村岡由梨

花火大会の夜、蒸し返すように気だるい人混みの中で、
やっぱりわたしは一人ぼっちだった。
ここにいるのに、ここにいない。
誰もわたしに気が付かない。

人の流れに逆らって
何度も人にぶつかりながら、
次から次へ目に飛び込んでくるのは

顔　顔　顔
男に媚《こ》びるような化粧をした女たち。
女を舐《な》め回すような目で見る男たち。
みんな不気味で同じ顔、みんなセックスで頭がいっぱい。

そんなこと思ってるわたしが一番卑しい人間だと思うけど。

空っぽでヘドが出そうな音楽が流れると同時に、
心臓をえぐるような爆発音の花火が打ちあがって、
桟敷《さじき》の人々は大きな歓声をあげた。
わたしは、ある戦争体験者の
「焼夷弾を思い出すから、花火は嫌い」という言葉を思い出していた。
その言葉を思い出しながら、

「今、花火が暴発したら、こいつら全員燃えるのかな」
と考えていた。

自分はつくづく不謹慎で邪悪な人間だと思う。

先生に何十回目かの呼び出しを食らって、
職員室の横の小さな部屋のいつもの椅子に座る、空っぽなわたし。
ただ一点を見つめて、かたく口をつぐんだまま。
わたしが学校以外の場所でも徐々に精神が蝕《むしば》まれて、
邪悪な欲望に侵蝕されつつあって、
本当のところ、何に苦しんで何に絶望しているのかなんて、
言ってもわかるはずがない。
黙ってうつむいたまま、一点を見つめるわたしを見て、

先生は諦めたようにため息をついた。
いつもの光景だった。

洗っても洗っても下水のような不快な臭いが消えず、
不登校で授業をほとんど受けていないから、勉強もさっぱりわからない。
友達が何が面白くて笑っているのか、全くわからない。

それでもある日、わたしが初めて「声」を出したことがあった。
同じ部活の部員たちに嗤《わら》われて「爆発」して、
言葉にならない言葉でわめきながら、
彼女らを学校中追いかけ回したのだ。
次の日から、一切のクラスメートがわたしを避けるようになった。
保護者の間で

「あの子は危ないから付き合うな」
と連絡が回ったのを知ったのは、それから暫《しばら》くしてからだった。

特別な人間になりたいわけじゃない。
いや、特別な存在になりたいのか？
自分が取るに足らない人間なんだって
こんなにも思い知らされているのに。

言ってもわからない。
言ってもわかるはずがない。
わたしが中学校の屋上の柵を越えて飛び降りようとする絶望を
親もきょうだいも先生も友達も、
わかるはずがない。

「狭い世界に閉じこもるな、もっと大きな世界に目を向けろ。」

「君より大変な思いをしている人は、世界にいっぱいいるんだ。」

「みんな孤独を抱えてる」

「もっと他者に優しい眼差しを」

わかってる。わかってるけど、
今のわたしが欲しいのは、そんな真理や言葉じゃないんです。


わたしが欲しいのは、わたしだけの神様。

神様は、踏み絵を踏んだわたしに向かって、こう言うんです。

「踏むがいい。お前の足の痛さをこの私が一番よく知っている。」*

だけど、それは本の中の話で、

実際はそんな神様なんてきっといない。
長い夜が明けて、また絶望的な朝がやってくる。
だから、明日も
わたしは学校に行きたくない。

＊遠藤周作「沈黙」より

†

この詩には過酷だが美しい場面がある。「わたし」が爆発し、初めて「声」を出したところ。孤立を一層深めたように書かれているが、そのときの「声」を想像してみよう。いかにぶざまに見えようと、そのとき「わたし」は突破したのだ。自分自身を突破した。この場面が「それでも」という、わずかな抗いを表す接続詞から始まることにも注目したい。

霧のなかの犬

石原吉郎

霧のなかの犬をおれは打った
霧のなかへ犬が追いつめた
犬の生涯のようなものを
おれは打った
息にまみれて
打つには耐えぬもの
逃亡と追跡の
間《あわい》のようなもの

祈るばかりに小さなものを
ながい弁明のように
おれは打った
霧と名づけた
霧のようなもの
犬と名づけた
犬のようなものを
ただひとりの　孤独な
罪と罰のように
おれは打ちつづけた

†

心を断ち切るような鋭い断言から成る。石原吉郎の詩は、言葉より沈黙のほうが重い。そしてその生涯と切り離して読むことができない。「霧のなかの犬」と詩人が書いたもの。ついに追い詰められたそれは、他の言葉に置換できない。孤独な殴打の音が聞こえる。「おれ」は己を打っているのか。読みながら、自分が打たれているようにも感じる。

失題詩篇

入沢康夫

心中しようと　二人で来れば
　ジャジャンカ　ワイワイ
山はにつこり相好くずし
硫黄のけむりをまた吹き上げる
　ジャジャンカ　ワイワイ

鳥も啼《な》かない　焼石山を
心中しようと辿《たど》つていけば

弱い日ざしが　雲からおちる
　ジャジャンカ　ワイワイ
雲からおちる

心中しようと　二人で来れば
山はにつこり相好くずし
　ジャジャンカ　ワイワイ
硫黄のけむりをまた吹き上げる

鳥も啼かない　焼石山を
　ジャジャンカ　ワイワイ
心中しようと二人で来れば
弱い日ざしが背すじに重く

心中しないじゃ　山が許さぬ
山が許さぬ
　ジャジャンカ　ワイワイ
ジャジャンカ　ジャジャンカ
ジャジャンカ　ワイワイ

†
ジャジャンカ、ワイワイ。陽気なお囃子《はやし》が聞こえてくるが、なんと内容は心中譚《しんじゅうたん》。切羽詰まった火山の縁《ふち》で、突如、あふれる歌がある。哀しいのか、可笑しいのか。そのどちらでもあるような感情が、抽象的な幾何学模様となって、軽やかな〝死の音楽〟を奏でている。詩人は虚構の物語を通して、人間の運命と喪失の哀しみを抽出した。

さらに前方に

ローベルト・ヴァルザー（訳・飯吉光夫）

ぼくは立ちどまりたかった。
でもぼくは、黒い木立ちのそばを通って、
さらに前方に駆りたてられて行った、
その黒い木立ちの下で
ぼくは不意に立ちどまりたかったのだけれど。
ぼくは、緑の草はらのそばを通って、
さらに前方に駆りたてられて行った、
その緑の草はらのそばで

ぼくはしきりに立ちどまりたかったのだけれど。
ぼくは、まずしい家並みのそばを通って、
さらに前方に駆りたてられて行った、
その家並みのとある一軒のそばで
ぼくは立ちどまりたかったのだけれど。
まずしい暮らしの様子を眺めながら、
その家から煙がゆっくりと
空に立ちのぼるさまを眺めながら、
そのままじっと立ちどまっていたかったのだけれど。
ぼくはそう言って笑った。
緑の草はらも笑った。
煙はいかにも煙をおもわせるそぶりでほほえみながら立ちのぼった。
ぼくはさらに前方に駆りたてられて行った。

†

立ちどまりたかったが前方に駆りたてられて行く。最初から引き裂かれてあるヴァルザーの世界。繊細・優雅、それでいて強迫的。この世の何処《どこ》にも居場所のない不安が、奇妙な明るさへと転じていく。生涯、「散歩」を愛し、文学上でも無目的な「散歩」そのものを文で体現した。特権的なものから遠く生き、何者でもない自己を貫いた。

コーヒーに砂糖は入れない（4）

松下育男

もっていない人はどうするんですか？
と
小さな声の質問が
聞こえてきた

中学生だった
六〇年代の
ホームルームでその子が

手をあげて聞いたんだ
もっていない人はどうするんですか？
黒板にはクラスで行くスケート場の名と
（品川か東神奈川だった）
と
服装のせつめいが書かれてあった
「女子はスラックス」
顔も名前もおぼえていない
ぼくみたいにめだたない女の子だった

それがいきなり質問したんだ
もっていない人はどうするんですか？

ぼくはおどろいてうしろをむき
体のむきをもどしたら
もう
五十七歳の夏になっていた

クール宅急便の大きなトラックが
狭い道をこちら側へ曲がってきた

身をななめにしてよけて

みあげた空はもう
夏の陽射しだった

二〇〇八年六月七日
ホームルームはまだ続いていて

スラックスをもっていない人はどうしただろう
ぼくは夏の空をみあげながら
まだ考えている

†

連作のなかの一編である。もっていない人はどうするんですか？　前提とされていることにさくっと異議申し立てをした女の子の勇気。それを何十年と忘れなかった「ぼく」。それにしても微妙な質問である。「わたしはもっていませんが、どうしたらいいですか？」とは聞かない。もっていない人とは一体誰か？

あめ

なんどう照子

あめがふると
おかあさんがむかえにくる
おかあさんがつぎつぎに
いろとりどりのかさをさしてむかえにくる
ひゃくにんくらいむかえにくる
ときどき
かさをわすれてくることもあるけれど
こどもとわらいあいながら

おかあさんはあめのなかにきえていく
かぜといっしょにくることもある
なきながらきたのは
ろくねんまえの
つめたいさんがつのうみに
きえてしまったおかあさん
あめのなかへ
ごねんにくみのむすこをつれてもかえれず
くつばこのなかの
よごれたうわぐつをみていた
あめをみあげるむすこにきづいても
こえをかけられずに
しずかにかえっていった

すねのながい
ひざのよごれたおとこのこは
あめがふると
しんだおかあさんが
むかえにくるようなきがして
いつもまっているのだった
あめをみあげると
そんなきがしてならなかった
しばらくするとおとこのこは
あめにぬれながらひとりかえっていった
いつもはすなぼこりにまみれたこうていに
しみるようなあめがやってきて
うみのようにみえた

†

平仮名の列記が、雨粒の感触で心の地面にしみこんでくる。3・11の震災が背景にある。お母さんと呼ばれる人は百人いても、自分のお母さんは一人きり。その一人の欠如があまりに深い。「くつばこのなかの／よごれたうわぐつ」「すねのながい／ひざのよごれたおとこのこ」など、魅力的な音韻の響きが波動を作り、哀しみを遠くまで運んでいく。

春と修羅 (mental sketch modified)

宮沢賢治

心象のはいろはがねから
あけびのつるはくもにからまり
のばらのやぶや腐植《ふしょく》の湿地
いちめんのいちめんの諂曲《てんごく》模様
(正午の管楽《くわんがく》よりもしげく
　琥珀《こはく》のかけらがそそぐとき)
いかりのにがさまた青さ
四月の気層のひかりの底を

唾《つばき》し　はぎしりゆききする
おれはひとりの修羅なのだ
（風景はなみだにゆすれ）
砕《くだ》ける雲の眼路《めぢ》をかぎり
れいろうの天の海には
聖玻璃《せいはり》の風が行き交《か》ひ
ZYPRESSEN　春のいちれつ
くろぐろと光素《エーテル》を吸ひ
その暗い脚並《あしなみ》からは
天山の雪の稜《かど》さへひかるのに
（かげろふの波と白い偏光《へんくわう》）
まことのことばはうしなはれ
雲はちぎれてそらをとぶ

ああかがやきの四月の底を
はぎしり燃えてゆききする
おれはひとりの修羅なのだ
（玉髄《ぎよくずい》の雲がながれて
どこで啼《な》くその春の鳥）
日輪青くかげろへば
　修羅は樹林に交響し
　陥《おち》りくらむ天の椀《わん》から
　　黒い木の群落が延び
　　その枝はかなしくしげり
　すべて二重の風景を
喪神《さうしん》の森の梢《こずゑ》から
ひらめいてとびたつからす

（気層いよいよすみわたり
　ひのきもしんと天に立つころ）
草地の黄金《きん》をすぎてくるもの
ことなくひとのかたちのもの
けらをまとひおれを見るその農夫
ほんたうにおれが見えるのか
まばゆい気圏の海のそこに
（かなしみは青々ふかく）
ZYPRESSEN　しづかにゆすれ
鳥はまた青ぞらを截《き》る
（まことのことばはここになく
修羅のなみだはつちにふる）

あたらしくそらに息つけば
ほの白く肺はちぢまり
（このからだそらのみぢんにちらばれ）
いてふのこずゑまたひかり
ZYPRESSEN いよいよ黒く
雲の火ばなは降りそそぐ

†

何十年とこの作品を読んできたが、いまだに全貌をつかめた気がしない。「おれ」という修羅が中心で燃えている。それが爆発し散り散りになって、大自然のなかへと揮散する。意味よりもまず、感じてみよう。言葉の音、波型の詩形、行間から醸し出される春の力強い息吹き。きみもこの世界の、一人の修羅である。

時まさに

E・E・カミングズ（訳・川本皓嗣）

時まさに
春　世界は泥んこ
かぐわしく、小さな
びっこの風船売りが
遠く　　かすかに　　笛を吹く
と、えでぃやびるが

ビー玉遊びや海賊ごっこから
駆けてきて、時は
春

世界は水たまりうるわしく、

おかしな
年寄りの風船売りが　　遠く
かすかに　　笛を吹く
と、べてぃやいざべるが石蹴《け》り遊びや
縄飛びから踊りながらやってきて、

時は
春
そし
て
山羊《やぎ》足の
風船売りが　笛を吹く
遠く
かす
かに

†

子供の頃、泥んこ遊びをしたことがありますか。あの感触、あの泥の匂いを思い出してください。この詩の言葉は飛び散った春の泥です。遊んでください。そして怖れずに、ぜひ原詩を探して読んでみてほしい。小文字を多用した奇想天外で自由な表記、その音韻の魅力、新鮮な造語。絶対、声に出して読んでみたくなると思う。

サーカス

中原中也

幾時代かがありまして
　茶色い戦争ありました

幾時代かがありまして
　冬は疾風吹きました

幾時代かがありまして
　今夜此処《ここ》での一《ひ》と殷盛《さか》り

今夜此処での一と殷盛り

サーカス小屋は高い梁《はり》
　そこに一つのブランコだ
見えるともないブランコだ

頭倒《さか》さに手を垂れて
　汚れ木綿の屋蓋《やね》のもと
ゆあーん　ゆよーん　ゆやゆよん

それの近くの白い灯が
　安値《やす》いリボンと息を吐き

観客様はみな鰯《いわし》
咽喉《のんど》が鳴ります牡蠣殻《かきがら》と
ゆあーん　ゆよーん　ゆやゆよん

屋外《やぐわい》は真ッ闇《くら》　闇《くら》の闇《くら》
夜は劫々《こふこふ》と更けまする
落下《らくか》傘《がさ》奴《め》のノスタルヂアと
ゆあーん　ゆよーん　ゆやゆよん

†

ゆあーん、ゆよーん、ゆやゆよん。歌う詩人、中也の天才的オノマトペ。この音を読む（聴く）だけで、空気が震え、時代が震え、言葉が震え、サーカス小屋の空間が眼前に出現する。ブランコ乗りの小さな顔と、それを仰ぎ見る鰯の群衆と。一九二九年、雑誌「生活者」に発表された。同じ頃、世界大恐慌が起こる。

わたしが一番きれいだったとき

茨木のり子

わたしが一番きれいだったとき
街々はがらがら崩れていって
とんでもないところから
青空なんかが見えたりした

わたしが一番きれいだったとき
まわりの人達が沢山死んだ
工場で　海で　名もない島で

わたしはおしゃれのきっかけを落してしまった

わたしが一番きれいだったとき
だれもやさしい贈物を捧げてはくれなかった
男たちは挙手の礼しか知らなくて
きれいな眼差だけを残し皆発っていった

わたしが一番きれいだったとき
わたしの頭はからっぽで
わたしの心はかたくなで
手足ばかりが栗色に光った

わたしが一番きれいだったとき

わたしの国は戦争で負けた
そんな馬鹿なことってあるものか
ブラウスの腕をまくり卑屈な町をのし歩いた

わたしが一番きれいだったとき
ラジオからはジャズが溢れた
禁煙を破ったときのようにくらくらしながら
わたしは異国の甘い音楽をむさぼった

わたしが一番きれいだったとき
わたしはとてもふしあわせ
わたしはとてもとんちんかん
わたしはめっぽうさびしかった

だから決めた　できれば長生きすることに
年とってから凄く美しい絵を描いた
フランスのルオー爺さんのように
ね

†

十代のもっとも多感な青春期を戦争に奪われた茨木のり子は、一九四五年の敗戦時、十九歳だった。わたしが一番きれいだったとき――哀切で甘やかな行が反復されるが、本来、きれいだと言ってくれるはずの人々は皆、戦争へかりだされていった。永遠に戻らぬ者もいた。それでもこの詩には希望が見える。戦後を生きる人々を支えた一編。

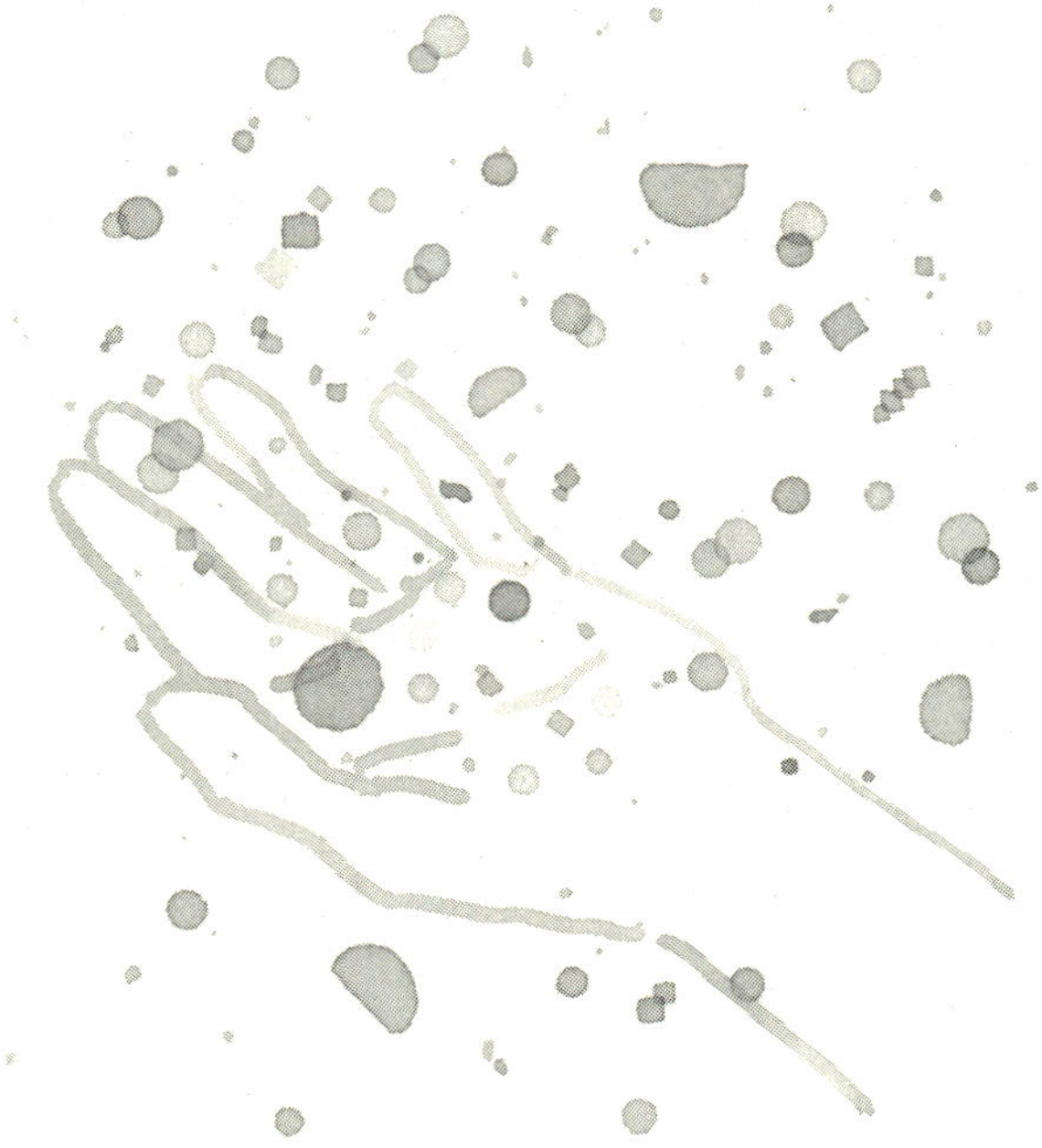

家の麓　２００３

青柳菜摘

富士山は微妙に動いている。大きかったので、麓にあるように感じていた。富士山は誰の家の麓にもあった。例外なく、この青年の家の麓にも富士山があり、毎朝通勤前に拝んでは心の中で祈りを捧げていた。麓にあるとはいえ、ここからそこまでは案外遠いから登ったことはないようだった。通勤には登山用のリュックを使っていた。十七インチのノートパソコンや、ポータブルＨＤＤ、スマートフォン、タブレット端末、登山に行けないほど重い機器類は持ち運び用に出来ているがすべてを毎日持ち歩くようには作られていないのだ。

遠近法は美術の授業で習う。ここで、初めて美術はものの見方の教育だということに気がついた。俵屋宗達の風神雷神図屛風を模写する授業のとき十三歳の彼はこれが美術なのかと頭を抱えたが、遠近法や、木炭デッサンをしてからそういった模写にとりかかると難なく筆が進んだ。複製せず、当時描かれた筆致と勢いを自身の手で再現するように倣うと、それは俵屋宗達のものの見方の複製になる。遠近法には線遠近法、空気遠近法があって、どちらも絵で描き分けられる。目で見るのとは異る。目で見えていない手法を表す。高校で美術を選択してからだった。富士山は、毎日、微妙に動く。

†

前提や常識をはずしてものを観察する。すると何が起こるか。ときに遠近法は破壊され、富士山は微妙に動き（ほんと?）、家の麓にある（ように見える）。表現の真実をつかむため、画家も詩人も、ものを〝見る〟段階から、格闘を始めているのです。ものの見方こそを言葉で書いた、そこが、ぱりぱりに新しい一編。

記号論

藤井貞和

がっこうのうしろはがけになっています。
わたくしたちは抵抗できなかったのです。
澄子がまっさきにがけから落ちていったのです。
よう子がそのあとを追うみたいにして、
ずるずる見えなくなりました。
ひろしは自分から落ちたみたいでした。
弓子とひろみとは手と手とを取りあって落ちました。
邦雄はそのばにたおれてうごきませんでした。

あとはだれが落ちたのかよくわからなくなりました。
けっきょく、全校で死亡が33名、負傷83名、
逮捕者は42名でした。
お昼までに女生徒8名が釈放されました。
わたくしたちは未成年者ですから、
新聞ではみなAとかGとか、記号で呼ばれます。

†

崖から落ちた理由は書かれていない。いろいろな落ち方があり、なぜか逮捕者も出ている。生徒が次第に、別のものに見えてくる。落ちていった生徒は固有名で記され、逮捕された生徒は、匿名報道でアルファベット記号。学校はいつだって、全体が不穏なテキストのよう。落ちていった生徒らは言葉だろうか。言葉の意味だろうか。

雪

三好達治

太郎を眠らせ、太郎の屋根に雪ふりつむ。
次郎を眠らせ、次郎の屋根に雪ふりつむ。

†

たった二行の詩だが、多様な解釈が沸騰してきた。次郎と太郎は兄弟か？　それとも別の家々で寝ているのか？　自由に読んでいい。雪には消音機能がある。降り積もることによる、物言わぬ圧力もある。雪が降ると、人はいつもより深く寝入ってしまう。気をつけなければならない。この二行は呪文だ、静かな脅迫だ。

体育

貞久秀紀

ひとの世
には
こころをこめた体
があるように
体
をこめたこころも
ひとの世にはあるかもしれない
と

あるきながら
考えている
あるきながら考えていると
考えながらあるいてもいた
昼の
垣根がある
むこうからひとがあるいてくる
すれちがいながら
垣根ごしに会釈をかわし
それきりで
過ぎ
ふたたび会うこともなかった
けれど

会釈をするとき
こころ
には
体がこめられた
そんなふうに
かろやかにすれちがうのだった

†

心をこめて、とよく言われる。だが逆に、その心に体をこめることはできないか。ふざけているようだが真剣である。通常の言い回しを逆から言い直す。すると、言い改めたほうにこそ、真理が宿って輝き出すように感じられる。不思議である。心という不確かなものと、体というこれ以上ない確かな実在と。二つが仲良く闘っている。

わたしを束ねないで

新川和江

わたしを束《たば》ねないで
あらせいとうの花のように
白い葱《ねぎ》のように
束ねないでください　わたしは稲穂
秋　大地が胸を焦がす
見渡すかぎりの金色《こんじき》の稲穂

わたしを止《と》めないで

標本箱の昆虫のように
高原からきた絵葉書のように
止めないでください　わたしは羽撃《はばた》き
こやみなく空のひろさをかいさぐっている
目には見えないつばさの音

わたしを注《つ》がないで
日常性に薄められた牛乳のように
ぬるい酒のように
注がないでください　わたしは海
夜　とほうもなく満ちてくる
苦い潮《うしお》　ふちのない水

わたしを名付けないで
娘という名　妻という名
重々しい母という名でしつらえた座に
坐りきりにさせないでください　わたしは風
りんごの木と
泉のありかを知っている風

わたしを区切らないで
，《コンマ》や・《ピリオド》いくつかの段落
そしておしまいに「さようなら」があったりする手紙のようには
こまめにけりをつけないでください　わたしは終りのない文章
川と同じに
はてしなく流れていく　拡がっていく　一行の詩

†

長く読み継がれ愛されてきた詩。歌のように優しいリズムを刻む。だがむしろ、黙読によって豊かなイメージが汲《く》み出されてくる。連ごとに展開する新鮮な風景、抽象と具体のバランスの良さ、正確無比な比喩。わたしは一連目が特に好きだ。束ねても跳ね返る弾力が感じられて。あらせいとうとは魅力的な花の名だ。別名ストック。

バス停

白石かずこ

流砂の上に　点
のように　沁《し》みいる影があり
それは　バス停なのである
どこから　どこへ　という標識は　ない
ここでは　目的とか　それから　とか
なぜ　とか
すべての　問い　に　答えるもの　も
いなければ

意味というものも
磨滅して　古い　辞書の中　もはや
ザラザラ　と　石の舌だして　笑うだけ

（頭脳の中にもっていたちいさな部屋でさえ
あの風が　どこかへ　飛ばしていった
からには　もう……）

そういって
外に出る　自転車にのる　が　のっても
行く先というのがない　だが　内側へ
引きかえすということも
そこも　また　ない行く先なのだ

バス停は　ひょっとしたら　戸口にきて
たき火をしているかも知れない
バス停は　ひょっとして　イグアナのような
大きい　古代の眼をして　乗客を
みはっているのかも　知れない
そこには　天使が小犬のように伏せて
眠っているふりをしているかも知れないし
姦淫《かんいん》することを怖れたばかりに青いアザに
なった姉のマリア　また
悪魔にもなり得ない汗まみれの汚れた軍靴の
脱走兵　いや　堕天使たちがいて
バス停は　それらを　眼のまわりを　流砂で
砂色に　にじませながら　みて　いる

の　かも　知れない　流砂の上の
点　で　あるものよ
たしかに存在している　その
幻の存在よ

†

魅惑のバス停。生きているバス停。心臓の鼓動が聞こえてきそう。行き先も時刻も書かれておらず、わたしたちを古代の丸い眼で見張っている。詩人が創出したダイナミックな空間、のなかの、一点の、幻の存在。吸い込まれてみたくなる。もう、バスは来なくていい。わたしはここで、永遠に来ないバスを待ちます。

桃

或《あるい》はヴィクトリー

吉岡実

水中の泡のなかで
桃がゆっくり回転する
そのうしろを走るマラソン選手
わ　ヴィクトリー
挽《ひ》かれた肉の出るところ
金門のゴール？
老人は拍手する眠ったたまま
ふたたび回ってくる

桃の半球を
すべりながら
老人は死人の能力をたくわえる
かがやかしく
大便臭い入江
わ　ヴィクトリー
老人の口
それは技術的にも大きく
ゴムホースできれいに洗浄される
やわらかい歯
そのうごきをしばらくは見よ！
他人の痒《かゆ》くなっていく脳
老人は笑いかつ血のない袋をもち上げる

黄色のタンポポの野に
わ　ヴィクトリー
蛍光灯の心臓へ
振子が戻るとしたら
カタツムリのきらきらした通路をとおる
さようなら
わ　ヴィクトリー

†

奇っ怪でグロテスクなイメージが炸裂《さくれつ》する。わ　ヴィクトリー。意味ではない、意味は放っておいても、やがて言葉に帰還するから、しばらくは空回りする空っぽの言葉を味わってみるといい。わ　ヴィクトリー。頭のなかをからからと回りだす、桃とマラソン選手、老人と大便とゴムホースとタンポポと……。ああ、詩は自由だ。

すがた

岡本啓

あらわれると同時に消えかかる
ことばとか息みたいだ

葉がおおきくゆれて
ふるえているのはキツネの耳
するどく動く耳が
字幕のように
キツネでいることを知らせている

ぼくはみたない
ぶらさがるトマトにみたない
ツヤツヤのひかりにみたない
ついばむ鳥にみたない
やわらかに粘るこのクモの糸にさえも

あらゆるものが
みたないなにかであるということ

岩に根をしみこませる
からからのトマトとその赤い実は
気が遠くなるほど

せかいそのもの

みたないままなおみちあふれたひとつぶ
やさしく拭いて
そうっと歯を当てる　すごい

酸っぱい

†

世界はまれに油断して、まだ誰も見たことのない、原初の姿を見せることがある。その瞬間をぱっとつかんだら、こんな一編になるのではないだろうか。「みたない」という欠落感が補完し合うように、トマトの赤い実に結集していく。詩の最後には、「すごい」と「酸っぱい」の裸になった簡素な二語が。これらもまた、二つの赤い実だ。

詩の好きな人もいる

ヴィスワヴァ・シンボルスカ（訳・沼野充義）

そういう人もいる
つまり、みんなではない
みんなの中の大多数ではなく、むしろ少数派
むりやりそれを押しつける学校や
それを書くご当人を勘定に入れなければ
そういう人はたぶん、千人に二人くらい

好きといっても——

人はヌードル・スープも好きだし
お世辞や空色も好きだし
古いスカーフも好きだし
我を張ることも好きだし
犬をなでることも好きだ

詩が好きといっても――
詩とはいったい何だろう
その問いに対して出されてきた
答えはもう一つや二つではない
でもわたしは分からないし、分からないということにつかまっている
分からないということが命綱であるかのように

†

詩の好きな人は少ないが確かにいる。見えないだけで、その孤独な点と点を繋《つな》いだら、大きな星座ができるかもしれない。最後の行は何度読んでも美しい。分からないという揺れる言葉が、命綱という確かなものに繋げられている。やさしい言葉で書かれているが、シンボルスカの詩はどれも、壺《つぼ》のように深い響きをしまう。

詩人紹介＆ブックガイド

本書に掲載した詩人の生没年、出生地、十代のころのエピソード（カギカッコ内は本人談）、その後の略歴、そして掲載詩の初出詩集と出典、そのほかに読んでみてほしいおすすめの本などを掲載しています。▼以下はおすすめの本の内容紹介。順番は、本書での詩の掲載順に合わせました。（編集部作成）

飯島耕一——いいじま・こういち

生没 一九三〇—二〇一三 出生地 岡山県

十代のころ 十七歳の頃、同級生が詩を書くと知り、詩作を始める。近くの村に住んでいた詩人・永瀬清子からシュペルヴィエルの詩を見せられ、影響を受ける。 その後 一九五三年に第一詩集『他人の空』（書肆ユリイカ）。小説『暗殺百美人』（学研）でドゥマゴ文学賞。バルザックから日本の古典詩歌、映画に渡る批評活動を行う。詩に定型を模索し、実作もした。 初出／出典 「セザンヌ夫人」（『ゴヤのファースト・ネームは』（青土社）） おすすめの本 『**飯島耕一詩集**』正・新選・続（思潮社現代詩文庫）▼「セザンヌ夫人」は「続」に収録。／大岡信・谷川俊太郎編『**現代の詩人10 飯島耕一**』（中央公論社）▼詩・散文・自作解説など。詩全編に詩人・平出隆のコメントあり。

三角みづ紀——みすみ・みづき

生年 一九八一— 出生地 鹿児島県

十代のころ 十二歳で地元新聞への詩の投稿、十四歳で中学生新聞への写真の応募を開始。高校時代にデヴィッド・ボウイの音楽を聴き、その物語性に感銘を受ける。卒業後に上京。翌年、東京造形大学に入学。 その後 二〇〇一年、入院生活の中で現代詩手帖に投稿を開始。〇四年に現代詩手帖賞、第一詩集『オウバアキル』（思潮社）。これまでに九冊の詩集がある。 初出／出典 「春分の日」（『どこにでもあるケーキ』（ナナロク社）） おすすめの本 『**三角みづ紀詩集**』（思潮社現代詩文庫）／『**とりとめなく庭が**』（ナナロク社）▼すべてに七行の詩を含むエッセイ集。

松岡政則——まつおか・まさのり

生年 一九五五— 出生地 広島県

十代のころ 休日は大人に混じり土木作業の現場で働いた。ある日、姉に中原中也の詩「汚れつちまつた悲しみに」を見せてもらう。「どう感じたかは思い出せないのですが、姉がひどく興奮していたのを憶えています。」 その後 一九九七年、詩「家」で新日本文学賞を受け、本格的に詩作をはじめる。一貫して粘り強く書きつづけ、詩集に『金田君の宝物』『ちべたくちべた』などがある。 初出／出典 「金田君の宝物」（『金田君の宝物』（書肆青樹社）／『松岡政則詩集』（思潮社現代詩文庫））▼出典に小学生の頃の感受と詩作との関係を綴《つづ》った散文あり。おすすめの本『**ちべたくちべた**』（思潮社）▼二〇二三年刊の詩集。

まど・みちお——

生没 一九〇九—二〇一四 出生地 山口県

十代のころ 九歳で台湾に渡り、十四歳で台北工業学校土木科に入学。在学中に他校の生徒と創刊した同人誌「あゆみ」に詩を発表。イラストやガリ版刷りも引き受けた。その後「コドモノクニ」などに童謡を投稿。戦後も、編集者として働きながら創作を続けた。童謡「ぞうさん」「ふしぎなポケット」などでも知られる。一九五九年から創作に専念。一〇四歳で逝去するまでに、二千以上の詩や童謡を残した。

初出／出典「まちかど」（『しゃっくりうた』（理論社）／『新訂 まど・みちお全詩集』（理論社））

おすすめの本 谷川俊太郎編『**まど・みちお詩集**』（岩波文庫）／阪田寛夫『**まどさんのうた**』（童話屋）▼巻頭に掲載詩「まちかど」に関するエッセイあり。／『**いわずにおれない**』（集英社be文庫）▼インタビューを再構成。

高安海翔——たかやす・かいと

生年 一九九八— 出生地 秋田県

十代のころ 秋田県で生まれ、その後すぐ東京に転居。「十六歳のとき書店で、岩波文庫の中原中也訳『ランボオ詩集』をたまたま開き、「人十七にもなると、石や金《かね》ではありません」という一節を読みました。「物語」という詩でした。」

その後 早稲田大学大学院文学研究科所属。研究テーマはパレスチナの現代詩。現在まで東京在住。二〇二四年に思潮社「lux poetica」シリーズより第一詩集『誰もいない夜』を刊行した。

初出／出典「犬うごかん」（『誰もいない夜』（思潮社））

石垣りん——いしがき・りん

生没 一九二〇—二〇〇四 出生地 東京

十代のころ 十四歳で銀行に事務見習いとして就職。働きながら「女子文苑」などに詩を投稿する。同誌の選者・福田正夫の指導を得て、十八歳で女性だけの詩誌「断層」を創刊。この間、妹（四女）の急逝や父の離婚・再婚を経験。その後 祖父、父、義母、弟二人を養いながら詩を書き、一九五九年に第一詩集『私の前にある鍋とお釜と燃える火と』（書肆ユリイカ）。定年退職後も詩を書きつづけ、詩集や散文集の刊行が続いた。 初出／出典 「くらし」（『表札など』思潮社／『石垣りん詩集』思潮社現代詩文庫）

おすすめの本 伊藤比呂美編『**石垣りん詩集**』（岩波文庫）／『**詩の中の風景**』（中公文庫）▼五十三人の詩を紹介するエッセイ集。

山之口貘 ―― やまのくち・ばく

生没 一九〇三―一九六三 出生地 沖縄県

十代のころ 初恋に煩悶《はんもん》し、中学受験に失敗。翌年、再挑戦し合格。中学での恋を機に詩作を始め、詩誌を創刊。十八歳の年に退学した。十九歳の秋に上京し、日本美術学校に入学。翌月退学。初めて雪を見る。 その後 寝る場所の定まらない放浪生活の中で詩作し、金子光晴ら、詩人たちと出会う。金子とは生涯の交友を結んだ。一九三八年に第一詩集『思辨の苑』。高田渡が歌った「生活の柄」でも知られる。 初出／出典 「天」（『思辨の苑』（むらさき出版部）／高良勉編『山之口貘詩集』（岩波文庫））

おすすめの本 『**すごい詩人の物語**』（立案舎）▼貘の詩や散文の親しみやすい選集。／山之口泉『**父・山之口貘 新版**』（思潮社）▼長女・泉によるエッセイ。／茨木のり子『**貘さんがゆく**』（童話屋）▼茨木による評伝。

萩原朔太郎 ―― はぎわら・さくたろう

生没 一八八六―一九四二 出生地 群馬県

十代のころ 一人でいることが多く、読書を好んだ。十五歳で『古今和歌集』を読み、翌年刊行の歌集『みだれ髪』も夢中で読む。同年、新聞への短歌の投稿を始める。 その後 雑誌「朱欒《ざぼん》」掲載の室生犀星の詩に感動、手紙を書く。犀星とは生涯の詩友に。自身も同誌に詩篇を発表。その後、『月に吠える』『青猫』を刊行し、口語自由詩による新しい日本語表現を確立。マンドリンで作曲もした。

初出／出典 「地面の底の病気の顔」（『月に吠える』（感情詩社・白日社）／三好達治選『萩原朔太郎詩集』（岩波文庫）

おすすめの本 清岡卓行編『**猫町**』（岩波文庫）▼短編小説など収録。／安智史・栗原飛宇馬編『**詩人はすべて宿命である**』（国書刊行会）▼詩や詩人に関する散文など。巻頭に軽妙な散文「詩の作り方」掲載。

左川ちか——さがわ・ちか

生没 一九一一―一九三六 **出生地** 北海道

十代のころ 教員資格を取得後、十七歳で兄・昇とその友人・伊藤整の後を追って上京。彼らが創刊した雑誌「文芸レビュー」で、十八歳にして翻訳家デビュー。**その後** 北園克衛と出会い、詩誌「白紙」の同人に加わる。昇の雑誌「ヴァリエテ」にも詩を発表。胃ガンで逝去するまでに、ジョイスやウルフの翻訳に取り組んだほか、翻訳詩、散文、約九〇の詩などを残した。**初出／出典**「雲のやうに」（伊藤整編『左川ちか詩集』（昭森社）／島田龍編『左川ちか全集』（書肆侃侃房））**おすすめの本** 川崎賢子編『**左川ちか詩集**』（岩波文庫）／菊地利奈＋キャロル・ヘイズ訳『**対訳 左川ちか選詩集**』（思潮社）▼海外でも高く評価されるちかの詩を英訳とともに読める。／川村湊・島田龍編『**左川ちか モダニズム詩の明星**』（河出書房新社）▼生涯や作品を多くの論考で検証。

井坂洋子——いさか・ようこ

生年 一九四九― **出生地** 東京都

十代のころ 小学生の頃、詩作を始める。高校に入ると、母の友人であった牟礼慶子や、富岡多恵子の詩を愛読し、書き写した。文芸部の仲間と詩誌を作り、新宿の路上で売ったことも。**その後** 国語教師をしていた一九七九年に第一詩集『朝礼』を発表。その後も持続的に詩・エッセイ集・詩論・詩人の評伝を数々発表している。**初出／出典**「朝礼」（『朝礼』（紫陽社）／『井坂洋子詩集』正（思潮社現代詩文庫））**おすすめの本**『**井坂洋子詩集**』（ハルキ文庫）／『**詩はあなたの隣にいる**』（筑摩書房）▼詩を紹介するエッセイ集。あとがきに「ある一篇の詩と出会い、好きになることが（中略）詩と仲良くなる最初の一歩だ。」とある。

ソホラーブ・セペフリー——Sohrab Sepehri

生没 一九二八―一九八〇

出生地 イラン・カーシャーン

十代のころ 高名な詩人を祖母にもち、幼い頃から詩や絵画の制作に親しんだ。学校では優秀で几帳《きちょう》面《めん》な生徒、家では絵を描くのが好きな少年であったという。**その後** テヘラン大学芸術学部卒業。政府機関に勤務しながら、詩を書き、絵画を描いた。

一九六〇年に彫刻を学ぶため来日。のちに世阿弥の作品のペルシア語訳作業に協力した。六四年で仕事を辞め、芸術活動に専念。生前は詩人としてよりも、画家として有名だった。【初出／出典】「住所」（鈴木珠里・前田君江・中村菜穂・ファルズィン＝ファルド編『現代イラン詩集』（土曜美術社出版販売））

【おすすめの作品】岡田恵美子・北原圭一・鈴木珠里『**イランを知るための65章**』（明石書店）▼イランの歴史、宗教、文化などを解説。／映画「**友だちのうちはどこ？**」▼サブスクリプションサービスなどで視聴可能。

宮沢賢治 ―― みやざわ・けんじ

【生没】一八九六―一九三三　【出生地】岩手県

【十代のころ】鉱物採集に熱中。「石コ賢さ」と呼ばれる。中学三年で作歌開始。翌年、仏教書「歎異《たんに》鈔《しょう》」を読み感動する。十九歳で盛岡高等農林学校入学。地質学や化学の知識が、のちの創作に反映される。【その後】一九二一年に花巻農学校の教員となる前後から、童話の創作を始める。二四年に詩集『春と修羅』。没後に評価が高まり、「銀河鉄道の夜」「雨ニモマケズ」など、数々の童話や詩で知られる。【初出／出典】「報告」「春と修羅」（『春と修羅』（関根書店）／天沢退二郎編『新編 宮沢賢治詩集』（新潮文庫））【おすすめの本】吉田文憲編『**宮沢賢治詩集**』（ハルキ文庫）／『**宮沢賢治童話集**』（ハルキ文庫）▼そのほかにも多くの絵本や単行本で魅力的な童話が読める。

村岡由梨 ―― むらおか・ゆり

【生年】一九八一―　【出生地】東京都

【十代のころ】十五歳で統合失調症を発症、十六歳で高校中退後、アルバイトを転々としながら文章を書いたり絵を描いたりして過ごす。その間、遠藤周作や三島由紀夫などの純文学と、映画に夢中になる。【その後】映像作家として活動し、第六七回オーバーハウゼン国際短編映画祭グランプリなどを受賞。一八年から詩の発表を始め、二一年に第一詩集『眠れる花』刊行。WEB詩誌「浜風文庫」でもその作品を読むことができる。二児の母。【初出／出典】「学校に行きたくない」（『眠れる花』（書肆山田））

【おすすめの作品】**浜風文庫** https://beachwind-lib.net/ ▼ウェブサイト。**Vimeo** https://vimeo.com/user3921107 ▼動画配信サイト。映像作品の一部を鑑賞可能。

石原吉郎 ――― いしはら・よしろう

生没 一九一五―一九七七 出生地 静岡県

十代のころ 父の仕事の関係で転居を繰り返したが、十代のはじめ、東京に居を定めた。十六、七歳で島崎藤村の『若菜集』を読み、一週間、熱に浮かされたようになる。生田春月にも傾倒した。

その後 終戦後にソ連軍に抑留され、一九五三年、特赦で帰還。面識のない三好達治に詩を送ると、思いがけず返信があり、それを励みに詩作を続けた。六三年に第一詩集『サンチョ・パンサの帰郷』。初出／出典「霧のなかの犬」(『石原吉郎詩集』(思潮社)／『石原吉郎詩集』正(思潮社現代詩文庫))

おすすめの本 **『サンチョ・パンサの帰郷』**(思潮社)▼復刻版／柴崎聰編**『石原吉郎セレクション』**(岩波現代文庫)▼シベリアでの体験を描き出した散文などを精選。

入沢康夫 ――― いりさわ・やすお

生没 一九三一―二〇一八 出生地 島根県

十代のころ 十一歳で母親が逝去。十五歳で同級生と同人誌「しろたま」創刊。十七歳で東京に転居。大学入学直後の失恋から詩作を始める。その後 大学在学中の一九五五年に第一詩集『倖せ それとも不倖せ』。以後多くの詩集・詩論を残した。ネルヴァルの翻訳者、宮沢賢治の研究者としても知られる。七九歳でTwitter(現・X)を始め、今も投稿が残る。初出／出典「失題詩篇」(『倖せ それとも不倖せ』(書肆ユリイカ)／『入沢康夫詩集』正(思潮社現代詩文庫))

おすすめの本 **『キラキラヒカル』**(書肆山田)▼重たい主題を軽やかに表現した自選のライトヴァース集。「失題詩篇」掲載。／**『詩の構造についての覚え書』**(思潮社)▼「詩は表現ではない」などのテーゼを含む詩論。

ローベルト・ヴァルザー ――― Robert Walser

生没 一八七八―一九五六 出生地 スイス・ベルン

十代のころ 成績優秀だった中学を経済的な理由で退学。職を転々とする。舞台「群盗」に感動し俳優を志すも、名優ヨーゼフ・カインツを訪ねて才能不足を痛感。文学に打ち込む決意をする。

その後 ドイツ語で長編小説・散文小品・詩・戯曲を多数発表。晩年の二十七年間を精神療養施設で過ごす。作品に描かれ、自身も愛した散歩の途中、心臓発作で逝去。クリスマスだった。

【初出／出典】「さらに前方に」（飯吉光夫編訳『ヴァルザーの詩と小品』（みすず書房））【おすすめの本】カール・ゼーリヒ**『ローベルト・ヴァルザーとの散策』**（白水社）▼伝記作家がヴァルザーと重ねた散策の記録。

松下育男――まつした・いくお

【生年】一九五〇―　【出生地】福岡県
【十代のころ】小学校の担任の先生の影響で級友と詩作を始める。中学校の教科書で萩原朔太郎の「竹」を読み、「自分が漠然と感じてきたものを、こんなふうに言葉にして表せる人がいるんだな」と感銘を受ける。【その後】一九七〇年代に現代詩手帖への投稿を始め、選者の石原吉郎に発見される。七七年に第一詩集『榊さんの猫』（紫陽社）。断続的に詩集を発表し、これまでに五冊の詩集がある。【初出／出典】「コーヒーに砂糖は入れない」（『コーヒーに砂糖は入れない』（思潮社））【おすすめの本】**『松下育男詩集』**（思潮社現代詩文庫）／**『これから詩を読み、書くひとのための詩の教室』**（思潮社）▼横浜・池袋などで行われた講義録。

なんどう照子――なんどう・てるこ

【生年】一九五一―　【出生地】大阪府
【十代のころ】小学五、六年生の頃に書いた「白と黒」という詩が、新聞の投稿欄に掲載される。中学入学後も新聞への投稿を続け、掲載もされたが、そのうちにやめてしまった。【その後】看護師、主任介護支援専門員、社会福祉士として働く。五〇代から詩作を再開し、二〇一〇年に第一詩集『夜の洪水』（ドット・ウィザード）を刊行。一六年に詩「トラック」で大阪文学学校賞、二〇年に第二詩集『白と黒』。
【初出／出典】「あめ」（『白と黒』（土曜美術社出版販売））

E・E・カミングズ――Edward Estlin Cummings

【生没】一八九四―一九六二
【出生地】アメリカ・マサチューセッツ州
【十代のころ】九歳には詩を書きはじめ、十二歳で詩集にまとめた。数学や運動は苦手で、英語や歴史は得意。十六歳でハーヴァード大学入学。美術に関心を深め、絵も描いた。夏はいつも、自然豊かな農場で過ごした。【その後】第一次世界大戦に志願するが、スパイ容疑で拘束。以降は詩と絵に専念。実験的かつ、喜びに満ちた作品で知られる。

初出／出典 「時まさに」（原題'in Just-'『Tulips and Chimneys』（自費出版）／亀井俊介・川本皓嗣編訳『アメリカ名詩選』（岩波文庫））

おすすめの本 藤富保男訳編『**カミングズ詩集**』（思潮社海外詩文庫）／ヤリタミサコ・向山守編訳『カミングズの詩を遊ぶ』（水声社）▼「詩人とは感じる人間である」で始まる「詩人から学生へのアドヴァイス」収録。

中原中也——なかはら・ちゅうや

生没 一九〇七—一九三七 出生地 山口県

十代のころ 十二歳で雑誌に投稿した短歌が入選。読書に目覚めるも、成績は下落し、落第。京都の中学に転校し、下宿生活中に高橋新吉の詩に影響を受ける。十七歳で長谷川泰子と同棲を始め、のちに上京。当時無名だった宮沢賢治の『春と修羅』を愛読した。

その後 文学者たちと交友を広げ、都内を転居しながら詩や評論を書いた。長男・文也の生まれた一九三四年、第一詩集『山羊の歌』刊行。三六年に文也が死去すると、自身も体調を崩し、三七年、詩集『在りし日の歌』の原稿を小林秀雄に託し亡くなった。

初出／出典 「サーカス」（『山羊の歌』（文圃堂）／吉田凞生編『中原中也詩集』（新潮文庫））

おすすめの本 中原中也訳『**ランボオ詩集**』（岩波文庫）▼十代で出合い、魅了された詩人の詩を自ら翻訳。／佐々木幹郎『**中原中也 悲しみからはじまる**』（みすず書房）▼中也の詩を講義形式で丁寧に読み込む。

茨木のり子——いばらぎ・のりこ

生没 一九二六—二〇〇六 出生地 大阪府

十代のころ 女性の自立に積極的な父の方針で、十六歳で上京、薬学の専門学校へ。勉強についていけず次第に「落ちこぼれ」的心情に陥る。十九歳の夏、学徒動員の勤務先で敗戦を知る。

その後 一九四九年に結婚。その後、詩の投稿を始める。五三年、川崎洋と詩誌「櫂《かい》」を創刊。後に谷川俊太郎、大岡信、岸田衿子らも参加した。五〇歳を目前にしてハングルを学び、韓国現代詩の翻訳に結実。

初出／出典 「わたしが一番きれいだったとき」（『見えない配達夫』（飯塚書店）／谷川俊太郎選『茨木のり子詩集』（岩波文庫））

おすすめの本 『**落ちこぼれ**』（理論社）

▼選詩集／『**韓国現代詩選〈新版〉**』（亜紀書房）▼詩人自ら編訳したアンソロジー。

青柳菜摘 ——あおやぎ・なつみ

生年 一九九〇— **出生地** 東京都

十代のころ 十一歳から「だつお」名義でネット上にイラストを発表。中学の頃、部活の先輩と絵本を共作したことで、人と協力して作り合うことや、表現手法を探求することに興味が広がっていった。

その後 映像、小説、詩など、ジャンルを横断して作品を発表。カニエ・ナハの勧めで詩作を始め、二〇二一年に第一詩集『家で待つ君のための暦物語』刊行。東京・神楽坂の「コ本や honkbooks」主宰。

初出／出典 「家の麓2003」（『家で待つ君のための暦物語』（thoasa））

おすすめの本 『**そだつのをやめる**』（thoasa）▼二〇二二年刊の第二詩集。／『**ベスト・エッセイ2024**』（光村図書）▼エッセイ「たるぴと影」収録。

貞久秀紀 ——さだひさ・ひでみち

生年 一九五七— **出生地** 東京都

十代のころ 「十代の終わり、公園の隅に低く、淡い黄いろの花をつけた木を見つけたときの、やさしく遠い気もち。公園も木ももうないが、今頃あの木はどうしているかなあと思うことがある。」

その後 二〇代後半で詩作を始め、一九九〇年に詩誌「詩学」新人に選出。詩集に『空気集め』『具現』（以上思潮社）など。清新な哲学と知覚体験が呼び起こされる、独特の詩と散文を書く。

初出／出典 「体育」（『昼のふくらみ』（思潮社）／『貞久秀紀詩集』（思潮社現代詩文庫））▼散文も掲載。

おすすめの本 『**外のなかで**』（思潮社）▼二〇二二年刊の詩集。

三好達治 ——みよし・たつじ

生没 一九〇〇—一九六四 **出生地** 大阪府

十代のころ 俳句をたしなむ先輩に感化され、中学から作句を始める。進学のため十八歳で上京。翌年の夏、国府津で汽車を降り、富士山を踏破、友人たちが離脱するなか、東海道をひとり、彦根まで歩きつづけた。

その後 一九二六年、梶井基次郎らの同人「青空」に参加。その縁で萩原朔太郎と出会う。三〇年に第一詩集『測量船』。三四年に堀辰雄、丸山薫と『四季』（第二期）創刊。フランス近代詩や日本の古典に通じ、端正で知的な抒情詩《じょじょうし》の王道をいった。戦時下に書かれた詩には批判もある。

初出／出典 「雪」（『測量船』（第一書房）／『測量船』（講談社文芸文庫））**おすすめの本** **『詩を読む人のために』**（岩波文庫）▼初めて詩を読む人に向け、自身が読んできた詩やその鑑賞を記す。前書きに「詩は一本立ちの孤独な心で読むべきもの」とある。

藤井貞和——ふじい・さだかず

生年 一九四二—　**出生地** 東京

十代のころ 幼少期を疎開先の奈良県で過ごし、その後、東京へ引っ越す。中学、高校時代は、石の収集のために茨城県、福島県、四国、屋久島にも足を運ぶ鉱物少年だった。**その後** 一九七二年に第一詩集『地名は地面へ帰れ』（永井出版企画）。詩人として数々の詩集をもつ傍ら、『源氏物語』などの国文学や折口信夫（釈迢空《しゃくちょうくう》）の研究で知られ、多くの著書がある。

初出／出典 「記号論」（『よく聞きなさい、すぐにここを出るのです。』（思潮社））**おすすめの本** **『藤井貞和詩集』**正・続（思潮社現代詩文庫）／**『古文の読みかた』**（岩波ジュニア新書）▼古文の入門書。

新川和江——しんかわ・かずえ

生没 一九二九—二〇二四　**出生地** 茨城県

十代のころ 毎日新聞大陸版に投稿詩が掲載されると、現地の将兵から連日、手紙が届く。その後、隣町に疎開していた詩人・西條八十に師事した。十七歳の年に結婚。経済的に自立し、好きなことを続けるために、少女雑誌などに物語や子供向けの詩を書いた。**その後** 一九五三年に第一詩集『睡り椅子』（プレイアド）。八三年に吉原幸子と共に、女性を主体とする詩誌『現代詩ラ・メール』を創刊し、同年、女性で初めて日本現代詩人会の会長に就任した。自身も二十以上の詩集を発表する傍ら、産経新聞「朝の詩」の選者を長年務めるなど、後進の発掘にも尽力。詩「名づけられた葉」は合唱曲としても知られる。

初出／出典 「わたしを束ねないで」（『比喩でなく』（地球社）／『新川和江詩集』正（思潮社現代詩文庫））

おすすめの本 **『新川和江詩集』**（ハルキ文庫）／**『詩の履歴**

書』（思潮社詩の森文庫）▼自作の解説とともに半生を振り返るエッセイ集。

白石かずこ——しらいし・かずこ

生没 一九三一—二〇二四 出生地 カナダ・バンクーバー

十代のころ 十四歳で萩原朔太郎やボードレールの妖しい詩の世界に魅了される。田村隆一の詩に衝撃を受け、詩誌「詩学」に詩を持ち込み、その縁で北園克衛の詩誌「VOU」に、最年少の十七歳で参加した。

その後 二十歳で北園装丁による第一詩集『卵のふる街』（協立書店）刊行。その後も、魅力的なタイトルを持つ稀有な詩集を続々と発表。ジャズとのセッションによる朗読パフォーマンスを意欲的に行い、多くの国の詩祭に招かれ朗読・講演を行った。

初出／出典 「バス停」（『現れるものたちをして』（書肆山田）／『白石かずこ詩集成Ⅲ』（書肆山田））▼出典の付録に掲載詩「バス停」についての財部鳥子のエッセイあり。

おすすめの本 『**白石かずこ詩集**』正・新選・続（思潮社現代詩文庫）／『**黒い羊の物語**』（人文書院）▼自伝。

吉岡実——よしおか・みのる

生没 一九一九—一九九〇 出生地 東京

十代のころ 高等小学校卒業後、出版社・南山堂に奉公。このころ、北原白秋『桐の花』をまねて作歌を始め、『左川ちか詩集』や北園克衛『白のアルバム』を読む。

その後 一九四一年に召集令状を受け、遺書として詩集『液体』の原稿を兄と友人に託す。戦後は編集者として働く。五五年、最後の詩集とするつもりで『静物』（私家版）を刊行したが、飯島耕一らとの出会いにより書きつづけることに。詩集に『僧侶』（書肆ユリイカ）『サフラン摘み』（青土社）など。

初出／出典 「桃」（『静かな家』（思潮社）／『吉岡実詩集』正（思潮社現代詩文庫））

おすすめの本 『**吉岡実詩集**』新選・続（思潮社現代詩文庫）／小笠原鳥類『**吉岡実を読め！**』（ライトバース出版）▼詩人・小笠原鳥類が吉岡の全詩編を解説。

岡本啓——おかもと・けい

生年 一九八三— 出生地 愛媛県

十代のころ 宮城県で育ち、九歳の頃、父の転勤でニューヨーク州へ。翌年帰国したが、クラスに以前の居場所がないように感じる。十三歳で東京郊外へ引っ越す。高校時代は登校前に映画を見ることも。【その後】二〇一一年、「現代詩手帖」に投稿を開始。一四年に現代詩手帖賞を受け、同年、第一詩集『グラフィティ』（思潮社）刊行。発表した三冊の詩集は自ら装丁を手掛けた。【初出／出典】「すがた」（『絶景ノート』思潮社）【おすすめの本】**『ざわめきのなかわらいころげよ』**（思潮社）▼二〇二〇年刊、二冊組の第三詩集。／**『ベスト・エッセイ2019』**（光村図書）▼エッセイ「モーニング」収録。

ヴィスワヴァ・シンボルスカ——Wisława Szymborska

【生没】一九二三—二〇一二
【出生地】ポーランド・ブニン
【十代のころ】十六歳の頃、第二次世界大戦により学校が閉鎖。その後は秘密学校で学び、家計を支えるため、英語の教科書に挿絵を描いた。十七歳の頃に詩作を始める。最初期の詩‘Topielec’もこのころの作品。【その後】一九四三年、鉄道の事務員として働くことで、ナチス・ドイツの強制労働を免れた。戦後に詩人としてデビュー。古都クラクフに暮らした。平明でありながら、真実を深く物語る詩を書きつづけ、数々の詩集を刊行。九六年にノーベル文学賞。【初出／出典】「詩の好きな人もいる」（『終わりと始まり』（未知谷））▼出典詩集にはノーベル文学賞記念講演を併録。【おすすめの本】沼野充義訳**『瞬間』**（未知谷）／つかだみちこ**『シンボルスカの引き出し』**（港の人）▼人柄が垣間見えるエピソードを掲載。

＊詩人・作品の情報は二〇二四年九月現在のものです。

そのほかの選詩集・アンソロジー

選詩集や、様々な詩人の詩を集めたアンソロジーのなかから、手に取りやすいものを紹介します。

選詩集

萩原昌好編『**日本語を味わう名詩入門**』全二十巻（あすなろ書房）

矢崎節夫・高橋順子・井川博年選『**永遠の詩**』全八巻（小学館）

「**現代詩文庫**」「**海外詩文庫**」（思潮社）

▼そのほか岩波文庫、新潮文庫、ハルキ文庫などにも、すぐれた選詩集がある。

アンソロジー

青木健・蜂飼耳・和合亮一編『**15歳の詩**』全六巻（ゆまに書房）

遠藤豊吉編『**新版 日本の詩**』全十巻（小峰書店）

三木卓編『**詩の玉手箱**』（いそっぷ社）

小池昌代編『**通勤電車でよむ詩集**』（NHK出版）

その他

茨木のり子『**詩のこころを読む**』（岩波ジュニア新書）、ハン・ジョンウォン『**詩と散策**』（橋本智保訳・書肆侃侃房）▼共に詩を紹介するエッセイ。

渡邊十絲子『**今を生きるための現代詩**』（講談社現代新書）

▼著者が中学の頃、授業で習ったある詩への複雑な感情から始まる現代詩入門。

斉藤倫『**ぼくがゆびをぱちんとならして、きみがおとなになるまえの詩集**』（福音館）、斉藤倫『**ポエトリー・ドッグス**』（講談社）▼共に物語のなかで詩を紹介。

「出典」や「おすすめの本」の探し方

本が書店やネット書店、学校の図書館などで見つからない場合、次の方法を試してみてください。どんな本を探すときにも共通の方法です。

❶図書館で探す　近隣の図書館のウェブサイトにアクセスし、検索。地域内の図書館に蔵書があれば、簡単に取り寄せることができる。地域に蔵書がなければ、ほかの地域の図書館の蔵書を検索する。地域を横断して検索できる「カーリルローカル」というウェブサービスが便利。都道府県を選び、検索。蔵書のある館が見つかったら、近隣の図書館で取り寄せを依頼。同じ都道府県内の連携している図書館からであれば、大抵の場合は対応してもらえる（日数や送料がかかる場合あり）。

参考　**カーリルローカル**　https://calil.jp/local/

❷古書店で探す　全国約九九〇店の古書店が出店するウェブサイト「日本の古本屋」が便利。どうしても手元に欲しい本がある場合は検索してみよう。もちろん、店舗に足を運ぶことや、インターネット通販サイトで探すことも有効。

参考　**日本の古本屋**　https://www.kosho.or.jp/

本書について

❖詩の作者・翻訳者の意向により、一部、出典と異なる表記があります。

❖編集部で適宜判断し、ルビの有無・仮名づかいを変更した箇所があります。

❖詩の一部に、その表現に配慮を必要とする表現が含まれていますが、詩に差別を助長する意図のないことや、文学的価値を鑑み、原文通りとしました。

p.126

◎編者
小池昌代（こいけ・まさよ）
詩人、作家。一九五九年、東京都生まれ。一九八八年、第一詩集『水の町から歩きだして』でデビュー。詩集に『永遠に来ないバス』『コルカタ』（以上、思潮社）、小説に『たまもの』（講談社）など。『通勤電車でよむ詩集』（NHK出版）、『おめでとう』（新潮社）、『絵本　かがやけ・詩』シリーズ（あかね書房）といった、優れた詩のアンソロジーの編者としても知られる。

放課後によむ詩集

2024年11月　初版
2025年 4 月　第2刷発行

編者　小池昌代
編集　森田直
発行者　鈴木博喜
発行所　株式会社理論社
〒101-0062　東京都千代田区神田駿河台2−5
電話　営業03-6264-8890　編集03-6264-8891
URL　https://www.rironsha.com

装画　土屋未久
挿絵　土屋未久（p.33）、柳智之（p.39）、
shunshun（p.59）、土屋萌児（p.74）、qp（p.97）
装丁・レイアウト　矢萩多聞
印刷・製本　中央精版印刷

ISBN978-4-652-20636-2 NDC911 四六変型 17 × 13cm 143p